Nach einer Idee von Carla Degenhardt

Copyright © 2006
Picus Verlag Ges.m.b.H., Wien
Grafische Gestaltung: Dorothea Löcker, Wien
Druck und Verarbeitung:
Druckerei Theiss GmbH, St. Stefan
ISBN-10: 3-85452-887-6
ISBN-13: 978-3-85452-887-6
Printed in Austria

Franzobel · Sibylle Vogel

Das große Einschlafbuch für alle Kleinen

Picus Verlag Wien

Gute Nacht, liebe Füße und Gute Nacht, liebe Zehen. Gute Nacht, liebe Ferse und Gute Nacht, liebe Fußballen. Denkt daran, wo ihr heute überall herumgelaufen seid, über Stiegen und Pflaster und Straßen! Seid ihr übers Gras gelaufen? Über Kopfsteinpflaster und durch Gassen? Über Sand? Habt ihr den Rücken eines Elefanten berührt? Und seid ihr durch warme Schokolade gewatet? Habt ihr Weintrauben getreten? Nein? Was dann? Wart ihr wenigstens in Timbuktu oder Mosambik? Nein? Na, vielleicht morgen. Gute Nacht, liebe Füße und Gute Nacht, liebe Zehen. Gute Nacht, liebe Ferse und Gute Nacht, liebe Fußballen. Schlaft jetzt ein. Schlaft tief und fest.

Gute Nacht, liebe Beine und Gute Nacht, liebe Knie. Gute Nacht, liebe Waden und Gute Nacht, liebe Oberschenkel. Denkt daran, wo ihr heute überall gegangen seid! Wart ihr im Kindergarten? In der Schule? Wart ihr am Mond oder in einem Hustensanatorium? Im königlichen Park der Rattenkönige und Goldfische? Habt ihr einen Muskelkater jetzt? Nein?
Na, vielleicht morgen. Gute Nacht, liebe Beine und Gute Nacht, liebe Knie. Gute Nacht, liebe Waden und Gute Nacht, liebe Oberschenkel. Schlaft jetzt ein. Schlaft tief und fest.

Gute Nacht, lieber Bauch und Gute Nacht, lieber Popo. Denkt daran, was ihr heute alles gegrummelt und gebrummt habt! Und habt ihr viel gegessen? Einen Kuchen? Pudding? Weihnachtskekse? Fledermausohren und Heuschreckenbeine? Wart ihr oft am Klo? Habt ihr so viel gefurzt, dass die Feuerwehr gekommen ist? Seid ihr satt? Freut ihr euch schon auf das Frühstück morgen?
Gute Nacht, lieber Bauch und Gute Nacht, lieber Popo. Schlaft jetzt ein. Schlaft tief und fest.

Gute Nacht, liebes Herz und Gute Nacht, liebe Brust. Denk daran, liebes Herz, du kleiner Trommler, wie viel du heute wieder geschlagen hast! Hast du Herzklopfen gehabt? Oder bist du einmal stehen geblieben? Machst du immer noch poch, poch, poch wie eine Uhr? Und du, liebe Brust, hast du viel frische Luft geatmet? Hast du Bergluft geatmet, Meeresluft oder afrikanische Wüstenluft? Nein?

Na, vielleicht morgen. Gute Nacht, liebes Herz, lieber Trommler, hör nicht zu schlagen auf, und Gute Nacht, liebe Brust, hör nicht zu atmen auf. Doch schlaft jetzt ein. Schlaft tief und fest.

Gute Nacht, liebe Hände und Gute Nacht, liebe Finger. Gute Nacht, liebe Arme und Gute Nacht, liebe Ellbogen. Habt ihr heute viele Dinge angegriffen? Habt ihr vieles in der Hand gehabt? Eine Million Euro? Einen Tannenzapfen oder einen Stern? Habt ihr den Flügel eines Engels berührt oder eine Wolke? Nein? Habt ihr einen Hochzeitsring bekommen? Auch nicht?
Na, vielleicht morgen. Gute Nacht, liebe Hände und Gute Nacht, liebe Finger. Gute Nacht, liebe Arme und Gute Nacht, liebe Ellbogen. Schlaft jetzt ein. Schlaft tief und fest.

Gute Nacht, lieber Mund und Gute Nacht, liebe Lippen. Habt ihr heute viele Bussis bekommen? Und habt ihr schöne Lieder gesungen? Habt ihr so lange gelacht, bis ihr rot geworden seid? Denkt an all die Wörter, die ihr heute gesagt habt! Was war das schönste Wort? Luftleberwürstelluftballon? Oder Ziegenkäseziegelstein? Habt ihr Wörter wie Rolloregelrallye, Umulmubullugullmulimull oder Mühmipopabähbupplstruppi gesagt? Nein?
Na, vielleicht morgen. Gute Nacht, lieber Mund und Gute Nacht, liebe Lippen. Schlaft jetzt ein. Schlaft tief und fest.

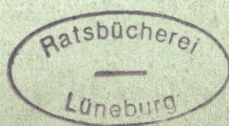

Gute Nacht, liebe Zähne. Denkt daran, in was ihr heute alles gebissen habt! In einen Apfel und in ein Butterbrot? Habt ihr auch in einen Drachenhals gebissen? In die Nase einer Oma? Nein? Aber wenigstens in einen Bergsee? Was? In Wasser kann man gar nicht beißen? Na, vielleicht morgen. Und hat man euch auch gut geputzt? Mit einer Schuhpaste eingeschmiert, mit Möbelpolitur abgerieben? Nein? Nur mit Zahnpaste? Das aber gründlich, oder?
Dann ist es ja gut. Gute Nacht, liebe Zähne. Und dass ihr mir nicht wieder knirscht und klappert! Gute Nacht, liebe Zähne. Schlaft jetzt ein. Schlaft tief und fest.

Gute Nacht, liebe Nase und Gute Nacht, liebe Wangen. Habt ihr heute viel gerochen? Und seid ihr rot geworden? Hast du, kleine Nase, einen Rosinenkuchen gerochen? Birnenkompott oder einen alten Esel? Nein? Und ihr, liebe Wangen, seid ihr rot geworden wie ein Bratapfel? Nein?
Na, vielleicht morgen. Gute Nacht, liebe Nase und Gute Nacht, liebe Wangen. Schlaft jetzt ein. Schlaft tief und fest.

Gute Nacht, ihr lieben Ohren. Habt ihr heute viel gehört? Habt ihr die Ameisen schnarchen oder die Buckelwale singen gehört? Habt ihr gehört, was euch die Wichtelmänner erzählt haben? Und hat man euch viele schöne Geschichten erzählt? Nein? Aber wenigstens die Riesen husten habt ihr doch gehört? Auch nicht?
Na, vielleicht morgen. Gute Nacht, ihr lieben Ohren. Schlaft jetzt ein. Schlaft tief und fest.

Gute Nacht, ihr lieben Augen. Habt ihr heute viel gesehen? Habt ihr den Wolken beim Kochen zugesehen? Habt ihr fliegende Fische gesehen? Einen Regenbogen mit Hut? Und Märchenfeen? Habt ihr Meeresschildkröten auf Rehen reiten sehen? Oder den großen goldenen Käfer? Die gestiefelte Spinne mit dem Regenschirm? Nein?
Na, vielleicht morgen. Gute Nacht, ihr lieben Augen. Schlaft jetzt ein. Schlaft tief und fest.

Gute Nacht, liebe Haare. Hat es euch heute auf den Kopf geschneit? Hat man euch viel gestreichelt? Und ist euch eine Siebenkatze raufgesprungen? Hat man euch geschnitten? Wart ihr beim Friseur? Oder seid ihr heute alle ausgegangen? Wo wart ihr denn? In einem Restaurant?
Nein? Na, vielleicht morgen. Gute Nacht, liebe Haare. Schlaft jetzt ein. Schlaft tief und fest.

Gute Nacht, du liebes Köpfchen. Denk daran, was du gleich alles träumen wirst. Du wirst süße Träume haben von den Füßen, der Ferse, den Zehen, den Beinen, den Waden, dem Bauch, dem Herzen, der Brust, den Händen, den Zähnen, den Lippen, der Nase, den Ohren, den Augen.
Gute Nacht, liebes Köpfchen. Schlaf jetzt ein. Schlaf tief und fest. Träum süß.